NO PRINCÍPIO, NÃO HAVIA NADA.
VOCÊ QUER SABER COMO
TUDO COMEÇOU?
DEUS INICIOU A FORMAÇÃO
DO MUNDO AO FALAR:
– HAJA LUZ!
E A LUZ APARECEU.
DEUS CHAMOU A LUZ DE "DIA"
E A ESCURIDÃO, DE "NOITE".
E ASSIM FOI O PRIMEIRO DIA DA CRIAÇÃO.

– VOCÊ SABE COMO SURGIRAM O CÉU E O MAR?
DEUS FEZ UMA SEPARAÇÃO ENTRE AS ÁGUAS.
A PARTE DE CIMA CHAMOU DE "CÉU"
(ONDE FICAM AS NUVENS E A CHUVA)
E A PARTE DE BAIXO, DE "MAR".
ESSE FOI O SEGUNDO DIA DA CRIAÇÃO.

NO PLANETA, ERA TUDO ÁGUA.
– CHUÁ, CHUÁ! SABE QUE BARULHO É ESSE?
É O BARULHO DAS ÁGUAS SE AJUNTANDO PARA FAZER APARECER A TERRA SECA, PORQUE ASSIM DEUS ORDENARA.
E QUANDO A TERRA APARECEU, DEUS ORDENOU A ELA:
– TERRA, PRODUZA PLANTAS E ÁRVORES!
E ASSIM FOI O TERCEIRO DIA DA CRIAÇÃO.

COMO DEUS GOSTA DE ORGANIZAR
TODAS AS COISAS, CRIOU LUZES.
A LUZ MAIOR CHAMOU DE "SOL", QUE CLAREIA
O DIA, E A LUZ MENOR, QUE CHAMOU
DE "LUA", CLAREIA A NOITE.
FEZ, TAMBÉM, AS ESTRELAS PARA PODER, ASSIM,
MARCAR OS DIAS, OS ANOS E AS ESTAÇÕES.
E ASSIM FOI O QUARTO DIA DA CRIAÇÃO.

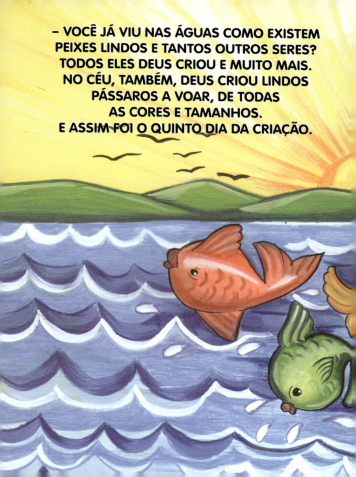

– VOCÊ JÁ VIU NAS ÁGUAS COMO EXISTEM PEIXES LINDOS E TANTOS OUTROS SERES? TODOS ELES DEUS CRIOU E MUITO MAIS. NO CÉU, TAMBÉM, DEUS CRIOU LINDOS PÁSSAROS A VOAR, DE TODAS AS CORES E TAMANHOS. E ASSIM FOI O QUINTO DIA DA CRIAÇÃO.

NA TERRA, DEUS CRIOU ANIMAIS DE VÁRIAS ESPÉCIES: GRANDES, COMO O ELEFANTE E ATÉ BEM PEQUENINOS COMO UM RATINHO. DEUS, TAMBÉM, CRIOU RÉPTEIS COMO A COBRA. MUITOS OUTROS ANIMAIS DEUS CRIOU, OS FEROZES LEÕES E OS MANSOS COMO A OVELHINHA. TUDO FOI FEITO PELA PALAVRA DE DEUS. NO ENTANTO, EXISTE UM MOMENTO MUITO ESPECIAL NA CRIAÇÃO: DEUS, COM MUITO CARINHO E COM SUAS PRÓPRIAS MÃOS, PEGOU O BARRO E FORMOU COM ESTE O HOMEM PARECIDO COM ELE E DEU-LHE VIDA.
ESSE FOI O SEXTO DIA DA CRIAÇÃO.

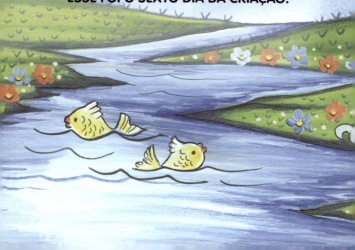

DEPOIS, DEUS OLHOU TUDO O QUE FEZ, VIU QUE ERA BOM E BONITO. ASSIM, BEM SATISFEITO, NO SÉTIMO DIA, ELE DESCANSOU. DEUS CRIOU UM LINDO JARDIM QUE CHAMOU DE ÉDEN E LÁ COLOCOU O HOMEM, A QUEM DEU O NOME DE ADÃO, PARA CULTIVAR E CUIDAR DESSE JARDIM.

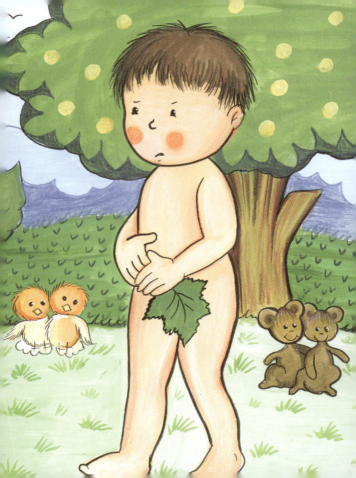